EL PERRO

PRINCIPALES RAZAS

EL PERRO

PRINCIPALES RAZAS

ALAN RUSELL

San Andrés, 505 - 08030 - Barcelona
Imprime: BIGSA
Manuel Fernández Márquez s/n
San Adrián del Besós (Barcelona)
Printed in Spain - Impreso en España
Depósito Legal: B.21.796-97
ISBN: 84-7386-905-2

Desde hace muchísimos años nadie duda de que el perro es el verdadero amigo del hombre, frase que se ha convertido ya en uno de los tópicos más usados.

Efectivamente, un perro siempre es leal a su amo, si éste a su vez corresponde a tal afecto con cariño y lealtad. Los perros le ofrecen además al ser humano toda una serie de servicios en muchos casos inapreciables. Para apreciar en lo que valen esos servicios preciso es estudiar y llegar a conocer las distintas razas caninas, las diferencias que presenta cada una de ellas, y cuáles son las características de cada uno de esos grupos.

Así, por ejemplo, los perros policía, tan útiles en la detección de drogas, ayudando de manera sumamente eficaz a los agentes de las brigadas antinarcóticas; los lebreles, una parte de los cuales tienen como misión perseguir liebres y conejos en

las zonas rurales, en tanto la otra parte intenta atrapar la liebre mecánica en los canódromos, sin conseguirlo jamás...

Hay perros de compañía, como el bulldog francés, el chihuahua, y el pequinés; perros aptos para la caza mayor, llegando a enfrentarse al furioso jabalí, o para la caza menor como perdices y avutardas...

Todos los perros, todas las razas caninas, desde tiempos inmemoriales, están exclusivamente junto al hombre, a su servicio.

Si al perro se le adiestra y educa convenientemente, no existe una compañía mejor. Y para adiestrar y educar a uno de esos grandes amigos del ser humano es necesario conocerlo a fondo, estudiando sus características, sus cuidados, sus necesidades...

Porque no todas las distintas razas son iguales en todos los sentidos, sino que poseen unas características bien definidas, que es preciso comprender, conocer y respetar. Y solamente de esta manera y con estas condiciones el perro llegará a ser, no ya por instinto sino por verdadero afecto, el fiel compañero, el gran servidor de su amo.

En las páginas de este libro hallará el lector todos

los datos más importantes de todas y cada una de las principales razas caninas del mundo entero, desde el San Bernardo, al dálmata, pasando por el mastín, el boyero y el pastor de los Pirineos, todo ello realzado por las magníficas ilustraciones pertenecientes a cada una de las razas presentadas.

Se trata, en suma, de una obra de consulta, necesaria a todos cuantos son amantes de los perros, a todos aquéllos que desean cuidarlos, educarlos, adiestrarlos, servirse de ellos de uno u otro modo, considerándolo como otro ser, al que no le hace falta poder hablar para hacerse entender por su dueño y por cuantos le rodean.

Por todo lo cual hay que acoger benévolamente al perro, sin considerarle inferior ni despreciable, antes al contrario, dándole el amor que él da a cambio con tanta generosidad. Hasta el perro vagabundo sabe apreciar la compasión que por él puedu experimentar un ser humano.

Este libro, pues, debe servir de lazo de unión entre las dos grandes razas del planeta: el hombre y el perro, fundiéndolos en el afecto mutuo, en los mutuos intereses, y desterrando para siempre la imagen del perro abandonado, desvalido y atormentado por todos los que, en realidad, tienen la obligación de velar por el bienestar de la raza canina en general, y de cada perro en particular.

AFFENPINSCHER

AIREDALE TERRIER

Perrito de compañía, vivaz y gracioso, recuerda al mono por su cabecita traviesa.

Características:

Talla: 25-28 cm.
Peso: Menos de 4 kg.
Cabeza: Redondeada, frente señalada, hocico corto.
Ojos: Oscuros y redondos.
Orejas: Rectas.
Cuello: Recto y corto.
Cuerpo: Lomo recto, pecho un poco plano.
Cola: Acortada, alta y enhiesta.
Extremidades: Rectas, bien acopladas al cuerpo.
Pies: Cortos y redondos.
Pelaje: Negro preferentemente, duro y abundante.

«Airedale Terrier», uno de los primeros perros reclutados por la policía inglesa y alemana.

Características:

Talla: 58-61 cm. el macho; 56-58 cm. la hembra.
Peso: 20 kg. aprox.
Cabeza: Cráneo largo y aplastado.
Ojos: Oscuros, pequeños y expresivos.
Orejas: Pequeñas en forma de V.
Cuello: Marcado y musculoso.
Cuerpo: Lomo corto, costillas salientes y pecho profundo.
Cola: Sólida y de longitud apropiada.
Extremidades: Anteriores rectas, posteriores largas y fuertes.
Pies: Pequeños, redondos y compactos.
Pelaje: Duro, apretado y áspero.

AKITA INU
ALASKAN MALAMUTE

Antiguo y enigmático, «Akita Inu» proviene de un cruce entre el Dewa y el Ichinoseki.

Características:
Talla: 63-69 cm.
Peso: 40-50 kg.
Cabeza: Cráneo ancho y macizo.
Ojos: No muy grandes, color marrón oscuro.
Orejas: Pequeñas, triangulares, erguidas.
Cuello: Grueso y musculoso.
Cuerpo: Pecho ancho, lomo recto.
Cola: Gruesa y levantada sobre el lomo.
Extremidades: Derechas y huesudas.
Pies: Gruesos, plantas duras.
Pelaje: Duro, entrepelo fino y abundante.

Poco conocido, el «Alaskan Malamute», es el más potente de los perros nórdicos.

Características:
Talla: 55-67 cm.
Peso: 29-35 kg.
Cabeza: Fuerte, pero bien proporcionada.
Ojos: Oscuros, oblicuos, en almendra.
Orejas: Triangulares, de tamaño medio.
Cuello: Fuerte y algo arqueado.
Cuerpo: Pecho desarrollado, lomo recto.
Cola: Poblada, enroscada por encima del lomo.
Extremidades: Anteriores de fuerte osamenta, posteriores musculosas.
Pies: Anchos, plantas gruesas.
Pelaje: Espeso de color gris lobo ó negro y blanco.

BARZOÏ

BASENJI

Grande, esbelto, soberbio, el «Barzoï» era utilizado en Rusia para la caza del lobo.

Características:

Talla: 70-82 cm. el macho; 65-77 cm. la hembra.
Peso: 35-45 kg.
Cabeza: Larga, estrecha, enjuta, bien cincelada.
Ojos: Oscuros, almendrados.
Orejas: Relativamente pequeñas, finas y estrechas.
Cuello: Largo, musculoso, aplastado por los lados.
Cuerpo: Pecho profundo, vientre poco desarrolado.
Cola: Con forma de hoz y abundante pelo.
Extremidades: Rectas, largas y musculosas.
Pies: Estrechos, dedos apretados.
Pelaje: Pelo largo, ondulado y sedoso.

Originario del Congo, el «Basenji» no sólo no ladra, sino que «ríe» y trota como un caballo.

Características:

Talla: 42 cm. el macho; 40 cm. la hembra.
Peso: 11 kg. el macho; 10 cm. la hembra.
Cabeza: Medianamente ancha, cráneo aplastado.
Ojos: Pequeños, almendrados.
Orejas: Puntiagudas y erectas.
Cuello: De buena longitud.
Cuerpo: Paletillas oblicuas, lomo recto.
Cola: Con nacimiento alto, forma uno o dos anillos.
Extremidades: Rectas, robustas y musculosas.
Pies: Pequeños y estrechos.
Pelaje: Corto y sedoso, piel muy suelta.

BASSET ARTÉSIEN-NORMAND

BASSET HOUND

Se han encontrado la efigie y la momia de un perro del mismo tipo en el Egipto faraónico.

Características:

Talla: 26-36 cm.
Peso: Alrededor de 15 kg.
Cabeza: En forma de cúpula, de anchura media.
Ojos: Grandes y oscuros.
Orejas: Son estrechas en su nacimiento.
Cuello: Bastante largo, y con un poco de papada.
Cuerpo: Pecho ancho y redondeado, lomo firme.
Cola: Más bien larga, fuerte en su nacimiento.
Extremidades: Cortas, gruesas y rellenas.
Pies: Con buen aplomo.
Pelaje: Corto, raso y apretado sin ser muy fino.

El «Basset Hound» podría descender de antiguos perros de caza franceses.

Características:

Talla: 35,5 cm. aprox.
Peso: Alrededor de 23 kg.
Cabeza: Ancha y bien proporcionada.
Ojos: De color pardo, más bien oscuro.
Orejas: Extremadamente largas.
Cuello: Fuerte, de respetable longitud y arqueado.
Cuerpo: Flancos muy largos, lisos y extendidos hacia atrás.
Cola: Es continuación de la espina dorsal.
Extremidades: Cortas, macizas, muy pesadas.
Pies: Gruesos y macizos.
Pelaje: Duro, liso y suficientemente denso.

BEAGLE

BEDLINGTON TERRIER

El «Beagle» criado en el seno de una jauría soporta muy mal la soledad.

Características:

Talla: 33-41 cm.
Peso: Alrededor de 17 kg.
Cabeza: Fuerte, cráneo ancho y aplastado.
Ojos: Redondos, de color pardo oscuro.
Orejas: Largas y aplastadas.
Cuello: Potente, con una ligera papada.
Cuerpo: Pecho ancho, lomo aplastado y musculoso.
Cola: Más bien corta, implantada alta.
Extremidades: Fuertes y musculosas.
Pies: Redondos, dedos fuertes y arqueados.
Pelaje: Aplastado y muy denso.

El «Bedlington Terrier» goza de una robusta salud, y se manifiesta afectuoso a sus amos.

Características:

Talla: 40 cm.
Peso: 8-10 kg.
Cabeza: Cráneo estrecho y redondeado.
Ojos: Pequeños, brillantes y profundos.
Orejas: De tamaño mediano, en forma de almendra.
Cuello: Largo, sin papada.
Cuerpo: Musculoso y a la vez flexible.
Cola: De longitud media, espesa en la base.
Extremidades: Rectas, finas y musculosas.
Pies: Largos, plantas espesas y apretadas.
Pelaje: Espeso y flexible, pelo interior lanoso, color azul, hígado o arena.

BILLY

BLEU DE GASCOGNE

A pesar de su robustez, el «Billy» no debe exponerse a los grandes fríos.

Características:

Talla: 60-70 cm. el macho; 58-62 cm. la hembra.
Peso: Alrededor de 35 kg.
Cabeza: Bastante fina, de longitud mediana.
Ojos: Vivos, abiertos, bordeados de negro o marrón
Orejas: Medianas, más bien aplastadas.
Cuello: De longitud media y forma redondeada.
Cuerpo: Lomo ancho y pecho profundo.
Cola: Larga y fuerte.
Extremidades: Fuertes, planas y musculosas.
Pies: Apretados, y bien construidos.
Pelaje: Piel suave y fina, con frecuencia es blanca.

El «Bleu de Gascogne» es resultado de una severa selección efectuada por los monteros.

Características:

Talla: 65-72 cm. el macho; 62-68 cm. la hembra.
Peso: 25-30 kg.
Cabeza: Alargada, más bien fuerte.
Ojos: Castaño oscuros, con cerco negro.
Orejas: Caídas, finas y bajas.
Cuello: Medianamente largo.
Cuerpo: Pecho alto y profundo, el lomo más bien largo.
Cola: Bastante larga y en hoz.
Extremidades: Musculosas, ancas largas.
Pies: Ovalados, dedos secos y plantas negras.
Pelaje: Piel negra, o muy sembrada de placas, el manto sembrado de manchas negras sobre fondo blanco.

BOBTAIL

BORDER TERRIER

El «Bobtail» tiene gran capacidad de correr. Pese a su robustez, teme al calor.

Características:

Talla: 56 cm. aprox.
Peso: 25-30 kg.
Cabeza: Cráneo amplio y más bien cuadrado.
Ojos: Pardos o de color diferente.
Orejas: Pequeñas, escasamente cubiertas de pelo.
Cuello: Bastante largo y cubierto de pelo.
Cuerpo: Corto y compacto.
Cola: No mayor de 4-6 cm.
Extremidades: Rectas y musculosas.
Pies: Pequeños y redondos.
Pelaje: Abundante y basto.

Dotado de gran apetito, el «Border Terrier», se adapta fácilmente a la vida en apartamento.

Características:

Talla: 34-37 cm. aprox.
Peso: 6-7 kg. el macho; 5,25-6,30 kg. la hembra.
Cabeza: Cráneo moderadamente largo, hocico corto y fuerte.
Ojos: Oscuros y de expresión viva.
Orejas: Pequeñas, en forma de V.
Cuello: De longitud moderada.
Cuerpo: Estrecho y profundo.
Cola: Corta y bastante espesa en la base.
Extremidades: Rectas y no demasiado pesadas.
Pies: Pequeños, plantas espesas.
Pelaje: Rudo y denso, color rojizo, gris y fuego.

BOSTON TERRIER

BOXER

El «Boston Terrier» fue creado para destinarlo a los combates de perros tradicionales.

Características:
Talla: 25-40 cm.
Peso: De 7 a 11 kg., nunca más.
Cabeza: Cráneo aplastado y cuadrado.
Ojos: Separados, anchos y redondos.
Orejas: Rectas, pequeñas y finas.
Cuello: De longitud mediana, ligeramente arqueado.
Cuerpo: Pecho ancho y lomo corto.
Cola: Baja, corta y no demasiado espesa.
Extremidades: Rectas, fuertes y musculosas.
Pies: Redondos, pequeños y compactos.
Pelaje: Corto, brillante y de textura fina.

Criado para la caza del oso, el «Boxer» se destinó después como guardián de rebaños.

Características:
Talla: 57-63 cm. el macho, 53-59 cm. la hembra.
Peso: 30 kg. mínimo el macho; 25 kg. mínimo la hembra.
Cabeza: Bien proporcionada, no muy pesada.
Ojos: Castaño oscuro.
Orejas: Altas y cortadas en punta.
Cuello: Redondo y bastante largo.
Cuerpo: La altura del pecho es de la mitad del perro, lomo corto y musculoso.
Cola: Alta, cortada y recta.
Extremidades: Rectas, muslos anchos y redondos.
Pies: Pequeños y apreados.
Pelaje: Corto, brillante y duro.

BOYERO DE FLANDES

BRACO ALEMÁN

Al parecer, «Boyero de Flandes» sería resultado del cruce de una Pastor de Beauce y un Griffon.

Características:

Talla: 62-68 cm. el macho; 59-65 cm. la hembra.
Peso: 35-40 kg. el macho; 27-35 kg. la hembra.
Cabeza: Maciza, bien cincelada.
Ojos: Medianos, no prominentes.
Orejas: Triangulares, rectas.
Cuello: Fuerte y musculoso, sin papada.
Cuerpo: Potente, fornido y corto.
Cola: Alta y cortada a unos 10 cm.
Extremidades: Musculosas, rectas y potentes.
Pies: Sólidos y redondeados.
Pelaje: Abundante, áspero al tacto.

El «Braco Alemán» es uno de los mejores perros de muestra en todos los terenos.

Características:

Talla: 60-65 cm. el macho; 58-63 cm. la hembra.
Peso: Alrededor de 30 kg.
Cabeza: delgada y proporcionada al cuerpo.
Ojos: Castaño oscuros, de tamaño medio.
Orejas: Altas, anchas en la base y redondeadas en la punta.
Cuello: Musculoso, de longitud media.
Cuerpo: Pecho fuerte y lomo corto pero ancho.
Cola: Alta, afinándose hacia la punta.
Extremidades: Rectas, musculosas y potentes.
Pies: Firmes, redondos y apretados.
Pelaje: Corto, denso y áspero.

BRACO DE AUVERNIA

BRACO DE WEIMAR

Diezmado durante la segunda guerra mundial, su crianza ha tenido que reconstruirse.

Características:

Talla: 57-63 cm. el macho; 55-60 cm. la hembra.
Peso: Alrededor de 22-25 kg.
Cabeza: Larga, hocico cuadrado.
Ojos: Avellana oscuro, párpados negros.
Orejas: Bajas y hacia atrás.
Cuello: Largo, bastante fuerte.
Cuerpo: Pecho ancho, profundo, lomo corto y recto.
Cola: Recortada en dos tercios.
Extremidades: Rectas, musculosas y gruesas.
Pies: Cortos y compactos.
Pelaje: Corto, brillante, no demasiado fino ni duro.

«Braco de Weimar», es de origen antiguo, y debe su nombre a los duques de Weimar.

Características:

Talla: 59-70 cm. el macho; 57-65 cm. la hembra.
Peso: 23-28 kg.
Cabeza: Seca, más ancha en el macho.
Ojos: Redondos, sesgados, color ámbar u oscuro.
Orejas: Altas, relativamente cortas.
Cuello: Musculoso, no demasiado corto.
Cuerpo: Bien proporcionado y musculoso.
Cola: Corta.
Extremidades: Rectas, largas y fuertes.
Pies: Compactos y apretados.
Pelaje: Raso, corto y muy apretado, color gris plateado, corzo o ratón.

BRACO FRANCÉS

BRACO HÚNGARO

Nacido para la caza, el «Braco Francés», tiene necesidad de ejercicio y paseos cotidianos.

Características:

Talla: 56-65 cm.
Peso: 17-32 kg.
Cabeza: Grande pero no pesada.
Ojos: Abiertos, pardos o amarillo oscuro.
Orejas: Medias, implantadas a nivel del ojo.
Cuello: De buena longitud, algo grueso.
Cuerpo: Pecho ancho y profundo, lomo recto.
Cola: Cortada por la mitad de su longitud.
Extremidades: Rectas y potentes.
Pies: Casi redondos, uñas fuertes.
Pelaje: Espeso y apretado.

El «Braco Húngaro» es un perro de caza muy popular en su país de origen.

Características:

Talla: 53-64 cm.
Peso: 22-30 kg.
Cabeza: Seca y noble, cráneo ancho.
Ojos: Siempre oscuros, mirada viva.
Orejas: Bastante largas y bajas.
Cuello: De longitud media y musculoso.
Cuerpo: Pecho profundo, lomo recto y musculoso.
Cola: Baja y horizontal.
Extremidades: Rectas, ancas desarrolladas.
Pies: Redondos y compactos.
Pelaje: Corto, espeso y brillante, color amarillo oscuro con reflejos rojizos.

BULLDOG

BULLDOG FRANCÉS

El «Bulldog» acusa cierta tendencia al asma; se le reprocha con razón que babea demasiado.

Características:

Talla: 30-40 cm.
Peso: Alrededor de 25 kg.
Cabeza: Corta, cráneo muy ancho.
Ojos: Bajos, redondos y muy oscuros.
Orejas: Pequeñas, finas, en forma de rosa.
Cuello: Corto, grueso, profundo y fuerte.
Cuerpo: Mediano, grueso, bastante bajo y fuerte.
Cola: Recta, corta y llevada baja.
Extremidades: Rectas, gruesas y musculosas.
Pies: Medianos, redondos y apretados.
Pelaje: Fino, corto, aplastado y liso.

Extremadamente sensible, el «Bulldog Francés», se entrega en cuerpo y alma a su amo.

Características:

Talla: Proporcional al peso.
Peso: 8-14 kg.
Cabeza: Fuerte, ancha y cuadrada.
Ojos: Redondos, color oscuro.
Orejas: Anchas, de tamaño medio.
Cuello: Corto, ligeramente arqueado y sin papada.
Cuerpo: Pecho abierto, cilíndrico y caído, lomo ancho y musculoso.
Cola: Corta.
Extremidades: Cortas, gruesas, musculosas.
Pies: Redondos, con buena planta.
Pelaje: Liso o raso, tupido, brillante y suave.

BULLMASTIFF

BULL TERRIER

De la unión de sus dos antepasados, el «Bullmastiff» goza de un olfato desarrollado.

Características:

Talla: 63-69 cm. el macho; 60-66 cm. la hembra.
Peso: 50-59 kg. el macho; 41-50 kg. la hembra.
Cabeza: Cráneo fuerte y cuadrado.
Ojos: Oscuros o avellana.
Orejas: En forma de V.
Cuello: Medianamente largo, musculoso.
Cuerpo: Ancho y profundo, lomo corto y recto.
Cola: Alta, fuerte en la base.
Extremidades: Rectas, potentes y separadas.
Pies: No grandes y arqueados.
Pelaje: Corto y duro, protector.

Actualmente, animal de compañía, el «Bull Terrier», es sumamente vivaz y fiel a su amo.

Características:

Talla: 30-45 cm.
Peso: 23-28 kg.
Cabeza: Larga y fuerte, frente aplastada.
Ojos: Hundidos profundamente en las órbitas.
Orejas: Pequeñas y finas.
Cuello: Musculoso, largo y redondo.
Cuerpo: Pecho ancho y profundo, lomo corto y musculoso.
Cola: Corta, horizontal.
Extremidades: Rectas y con fuerte osamenta.
Pies: Pequeños, redondos y compactos.
Pelaje: Corto, liso, duro al lacto y lustroso

CAIRN TERRIER

CARLINO

Aparecido en la isla de Skye, este perrito se adapta muy bien a la vida de apartamento.

Características:
Talla: Menos de 25 cm.
Peso: 6,3 kg.
Cabeza: Cráneo ancho y proporcionado.
Ojos: Separados, de color avellana oscuro.
Orejas: Pequeñas y puntiagudas.
Cuello: Bien implantado, sin ser corto.
Cuerpo: Compacto, lomo recto.
Cola: Corta, peluda.
Extremidades: De mediana longitud y fuertes.
Pies: Delanteros más fuertes que los traseros.
Pelaje: Duro, espeso y áspero.

Burlón y glotón, el «Carlino» estaba presente en todos los salones de la alta sociedad.

Características:
Talla: 30-35 cm.
Peso: 7-8 kg.
Cabeza: Ancha y maciza.
Ojos: De color oscuro, grandes y prominentes.
Orejas: Altas, pequeñas y finas.
Cuello: Se confunde con el cuerpo.
Cuerpo: Corto y rechoncho.
Cola: Enroscada, pegada sobre el muslo.
Extremidades: Musculosas, fuertes y rectas.
Pies: Bastante redondos.
Pelaje: Corto, espeso y brillante, de color plateado, albaricoque, beige o negro.

CLUMBER SPANIEL

COCKER AMERICANO

Perro de robusta salud, el «Clumber Spaniel» debe vivir preferentemente en el campo.

Características:

Talla: 28-32 cm.
Peso: 20-31 kg.
Cabeza: Fuerte, cuadrada y maciza.
Ojos: Ámbar oscuro.
Orejas: Grandes, cubiertas de pelos lisos.
Cuello: Fuerte, sólido, muy largo.
Cuerpo: Largo, bajo y pesado.
Cola: Implantada baja.
Extremidades: Cortas, rectas, gruesas y fuertes.
Pies: Grandes y redondos.
Pelaje: Abundante, sedoso y liso.

Está dotado de una gran seducción por su magnífico abrigo de piel y su bonita cabeza.

Características:

Talla: 38 cm. el macho; 35 cm. la hembra.
Peso: 11-12,7 kg.
Cabeza: Cráneo redondeado.
Ojos: Un poco almendrados; iris pardo oscuro.
Orejas: Largas y cubiertas de sedosos pelos.
Cuello: Largo, musculoso y sin papada.
Cuerpo: Compacto y robusto, lomo fuerte y corto.
Cola: En la prolongación de la línea del lomo.
Extremidades: Huesudas, rectas y musculosas.
Pies: Redondos y prietos.
Pelaje: Sedoso, liso o un poco ondulado, de color negro azabache.

COCKER SPANIEL

COLLIE

Infatigable, el «Cocker Spaniel», es ante todo un apasionado de la caza.

Características:
Talla: 38-41 cm. el macho; 37-40 cm. la hembra.
Peso: 11-13 kg.
Cabeza: Larga, enjuta, ni pesada ni maciza.
Ojos: Grandes, ocupan completamente la órbita.
Orejas: Lobuladas, finas y delicadas.
Cuello: Largo y musculoso.
Cuerpo: Compacto, lomo corto y fuerte.
Cola: Implantada por debajo de la línea del lomo.
Extremidades: Rectas, fuertes y bastante cortas.
Pies: Compactos, con las plantas muy duras.
Pelaje: De textura sedosa, pelo liso, espeso.

Sensible y soñador, el «Collie», consagra a su amo y su familia un afecto sin límites.

Características:
Talla: 56-61 cm. el macho; 51-56 cm. la hembra.
Peso: 20-29 kg. el macho; 18-20 kg. la hembra.
Cabeza: Cráneo liso, moderadamente ancho.
Ojos: De tamaño mediano y de color castaño oscuro.
Orejas: Pequeñas, moderadamente anchas en la base.
Cuello: Musculoso, potente y un poco arqueado.
Cuerpo: Más bien largo, pecho profundo.
Cola: Moderadamente larga.
Extremidades: Rectas, pronunciadas y vigorosas.
Pies: Ovalados, arqueados y prietos.
Pelaje: Muy denso, largo, duro al tacto.

CURLY-COATED RETRIEVER

CHIHUAHUA

Según Stonehenge, esta variedad es producto del cruce del Terranova y el Irish Water Spaniel.

Características:
Talla: Alrededor de 66 cm.
Peso: 31,5-36 kg.
Cabeza: Cráneo largo, bien proporcionado.
Ojos: Bastante grandes, negros u oscuros.
Orejas: Más bien pequeñas.
Cuello: Moderadamente largo.
Cuerpo: Pecho ancho, paletillas muy profundas.
Cola: Mediana y recta.
Extremidades: Musculosas y sólidas.
Pies: Redondos, compactos.
Pelaje: Rizado en todo el cuerpo, color negro o fuego.

Desde hace cerca de cien años, el «Chihuahua», se impuso como perro de compañía.

Características:
Talla: 16-20 cm.
Peso: 0,9-3,5 kg.
Cabeza: Redonda, finas mejillas.
Ojos: Brillantes y grandes, de color oscuro.
Orejas: Grandes y separadas.
Cuello: Redondo, ligeramente arqueado.
Cuerpo: De forma cilíndrica y ligeramente arqueado, lomo más corto en el macho.
Cola: Moderadamente larga.
Extremidades: Rectas, codos ligeros y altos.
Pies: Pequeños, dedos separados.
Pelaje: Corto, tupido y brillante.

CHOW-CHOW

DALMATA

Limpio y educado, el «Chow-Chow», es menos feroz de lo que su aire enfurecido haga pensar.

Características:

Talla: 46 cm. como mínimo.
Peso: 20-25 kg.
Cabeza: Cráneo aplastado y ancho.
Ojos: Oscuros y pequeños.
Orejas: Pequeñas, gruesas y redondeadas en la punta.
Cuello: Fuerte, lleno.
Cuerpo: Pecho ancho, bien caído, lomo corto y fuerte.
Cola: Implantada alta y sobre el lomo.
Extremidades: Rectas y de longitud moderada.
Pies: Pequeños y redondos.
Pelaje: Abundante, tupido y esponjoso.

Excelente guardián que defiende a sus dueños, el «Dálmata» se muestra paciente y dócil.

Características:

Talla: 55-61 cm.
Peso: 22-25 kg.
Cabeza: De longitud proporcionada, cráneo liso, hocico largo y vigoroso.
Ojos: Medianos, vivos y brillantes.
Orejas: Más bien altas, de longitud media.
Cuello: Largo, arqueado, de longitud media.
Cuerpo: Pecho no muy ancho, lomo vigoroso.
Cola: Fuerte en la base, y afilada.
Extremidades: Rectas, de fuerte osamenta.
Pies: Redondos y compactos.
Pelaje: Corto, duro y denso, de aspecto liso y brillante.

DOBERMANN

DOGO ALEMÁN

Expuesto a enfermedades intestinales, el «Dobermann» debe limpiarse con regularidad.

Características:

Talla: 68-70 cm. el macho; 63-67 cm. la hembra.
Peso: 20-26 kg.
Cabeza: Larga y huesuda.
Ojos: Ovalados, de tamaño medio.
Orejas: Altas, erectas.
Cuello: Seco y musculoso.
Cuerpo: Paletillas bien visibles, lomo corto y firme.
Cola: Cortada a partir de la 1ª o 2ª vértebra.
Extremidades: Rectas, muslos anchos y musculosos.
Pies: Cortos, cimbrados y compactos.
Pelaje: Corto, duro y áspero.

Majestuoso, elegante y escultural, el «Dogo Alemán», no necesita grandes cuidados.

Características:

Talla: 80 cm. el macho; 72 cm. la hembra.
Peso: 60 kg. aprox.
Cabeza: Alargada y expresiva.
Ojos: Redondos, de tamaño medio y muy oscuros.
Orejas: Altas, rectas y cortadas en punta.
Cuello: Largo, seco y musculoso.
Cuerpo: Pecho caído hasta los codos y profundo, lomo corto y firme.
Cola: Implantada alta.
Extremidades: Fuertes, musculosas y rectas.
Pies: Redondeados, uñas cortas.
Pelaje: Corto, tupido y brillante.

ENGLISH SPRINGER SPANIEL

ÉPAGNEUL BRETON

Dotado de un magnífico olfato, el «English Springer Spaniel» es ideal para la caza.

Características:

Talla: 50 cm.
Peso: 22-23 kg.
Cabeza: Cara larga y alta, bien cincelada.
Ojos: Medianos, de color avellana oscuro.
Orejas: Implantadas a nivel de los ojos.
Cuello: Fuerte y musculoso.
Cuerpo: Fuerte y bien proporcionado.
Cola: Baja, con flecos.
Extremidades: Rectas y con flecos.
Pies: Apretados y compactos.
Pelaje: Espeso, plastado e impermeable sin ser basto.

Cobrador instintivo, el «Épagneul Breton»» es el favorito de nuestros cazadores.

Características:

Talla: 46-51 cm. el macho; 48-50 cm. la hembra.
Peso: 15 kg. aprox. el macho; 13 kg. aprox. la hembra.
Cabeza: De forma redondeada, cráneo de mediana longitud.
Ojos: Ámbar oscuro, en armonía con el pelaje.
Orejas: Altas, más bien cortas.
Cuello: De longitud mediana.
Cuerpo: Pecho profundo, lomo corto.
Cola: Recta o caída si el perro no es anuro.
Extremidades: Rectas, finas y musculosas.
Pies: Dedos apretados, con un poco de pelo.
Pelaje: Fino, liso o ligeramente ondulado.

ÉPAGNEUL ENANO CONTINENTAL

ÉPAGNEUL ENANO PHALÉNE

Robusto a pesar de su pequeña talla, el «Épagneul Enano Continental» raramente cae enfermo.

Características:

Talla: 28 cm.
Peso: 2-5-4,5 kg. el macho; 2,5-5 kg. la hembra.
Cabeza: Cráneo no demasiado redondeado.
Ojos: Grandres, abiertos, almendrados.
Orejas: Tegumentación muy fina pero resistente.
Cuello: De longitud mediana.
Cuerpo: Pecho ancho, lomo semicorto.
Cola: Alta, larga, con muchos flecos.
Extremidades: Rectas, firmes, bastante finas.
Pies: Largos, uñas fuertes.
Pelaje: Abundante, brillante, ondulado.

Inquieto y astuto, cuando conviene se vuelve tranquilo y paciente.

Características:

Talla: 28 cm.
Peso: 2-5-4,5 kg. el macho; 2,5-5 kg. la hembra.
Cabeza: Cráneo no demasiado redondeado.
Ojos: Grandres, abiertos, almendrados.
Orejas: A más altura que los ojos, con pelos ondulados.
Cuello: De longitud mediana.
Cuerpo: Pecho ancho, lomo semicorto.
Cola: Alta, larga, con muchos flecos.
Extremidades: Rectas, firmes, bastante finas.
Pies: Largos, uñas fuertes.
Pelaje: Abundante, brillante, ondulado.

ÉPAGNEUL FRANÇAIS

ÉPAGNEUL PICARD

Tranquilo, metódico, el «Épagneul Français», es el prototipo de los perros continentales.

Características:
Talla: 55-60 cm.
Peso: 20-25 kg.
Cabeza: Fuerte sin ser pesada, cráneo redondo.
Ojos: Grandes, ámbar oscuro.
Orejas: Bajas, largas y redondeadas.
Cuello: Proporcionado al cuerpo.
Cuerpo: Pecho profundo, lomo largo.
Cola: Baja, bastante larga, con flecos.
Extremidades: Rectas y musculosas.
Pies: Enjutos y ovalados.
Pelaje: Largo y fino, color blanco manchado de marrón.

El «Épagneul Picard» es un compañero fiel, fácil de educar, alegre, sensible y muy dócil.

Características:
Talla: 55-62 cm.
Peso: 20-25 kg.
Cabeza: Cráneo redondo y ancho.
Ojos: Ámbar oscuro, abiertos.
Orejas: Bastante bajas.
Cuello: Musculoso, sólidamente unido al cuerpo.
Cuerpo: Pecho profundo y ancho, lomo de longitud media.
Cola: Sedosa, con dos leves curvas.
Extremidades: Rectas, musculosas y con flecos.
Pies: Patas muy finas.
Pelaje: Grueso, no muy sedoso.

EURASIER

FLAT-COATED RETRIEVER

Poco ruidoso y muy limpio, el «Eurasier» es un perro de compañía ideal, para la vida en familia.

Características:

Talla: 52-60 cm. el macho; 48-56 cm. la hembra.
Peso: 25-30 kg. el macho; 20-26 kg. la hembra.
Cabeza: En forma de cuña, cráneo plano.
Ojos: Oscuros, ligeramente almendrados.
Orejas: Medianas, levantadas.
Cuello: La cabeza está alta.
Cuerpo: Pecho profundo, lomo recto y sólido.
Cola: En reposo caída hasta el corvejón.
Extremidades: Rectas, tiesas, muslos musculosos.
Pies: Fuertes y apretados.
Pelaje: El cuerpo está cubierto de pequeños pelos tupidos.

Robusto y excelente nadador, el «Flat-Coated Retriever» se parece a su antepasado el Terranova.

Características:

Talla: 63-66 cm.
Peso: 27-31,5 kg.
Cabeza: Larga, cráneo moderadamente ancho.
Ojos: Medianos, castaño oscuro o marrones.
Orejas: Pequeñas y bien implantadas.
Cuello: Largo, sin papada.
Cuerpo: Pecho ancho y profundo, lomo corto.
Cola: Corta, erecta.
Extremidades: Rectas, musculosas.
Pies: Redondos y fuertes, dedos apretados, plantas sólidas.
Pelaje: Denso, textura fina, color negro o hígado.

FOXHOUND
FOX TERRIER

El «Foxhound» es capaz de galopar de cinco a seis horas a una marcha que agota a los pura sangre.

Características:

Talla: 58-64 cm.
Peso: 30 kg.
Cabeza: Alargada, cráneo ancho.
Ojos: Bastante grandes, redondos y castaños.
Orejas: Cortas, pegadas a la cabeza.
Cuello: Largo y musculoso, sin papada.
Cuerpo: Pecho fuerte, lomo ancho.
Cola: Implantada cerca del riñón, en sable.
Extremidades: Musculosas y sólidas.
Pies: Dedos apretados.
Pelaje: Corto y liso, tricolor.

Batallador, arrogante, temerario, el «Fox Terrier» es cazador nato y perro de salón a la vez.

Características:

Talla: 30 cm. aprox.
Peso: 8 kg. aprox. el macho; 7,1 kg. aprox. la hembra.
Cabeza: Cráneo aplastado y estrecho.
Ojos: Oscuros, pequeños y hundidos.
Orejas: Pequeñas, en forma de V.
Cuello: Bien definido, musculoso, sin papada.
Cuerpo: Pecho profundo, medianamente ancho, lomo corto.
Cola: Alta, la lleva con alegría.
Extremidades: Rectas, fuertes y musculosas.
Pies: Redondos, compactos.
Pelaje: Compacto y duro, muy espeso.

FRANCÉS BLANCO
Y NEGRO

GALGO DE AFGANISTÁN

Procedente de las razas de grandes perros de rastreo, éste ha ganado en finura y elegancia.

Características:

Talla: 65-72 cm. el macho; 62-68 cm. la hembra.
Peso: 35 kg. aprox.
Cabeza: Cráneo demasiado ancho y aplastado.
Ojos: Claros.
Orejas: Planas, demasiado cortas.
Cuello: Exceso de papada.
Cuerpo: Pecho profundo y ancho, lomo largo.
Cola: Bastante gruesa en la base, más bien larga.
Extremidades: Flancos recogidos, ancas oblicuas.
Pies: Alargados, enjutos y resistentes.
Pelaje: Liso, bastante fuerte y tupido.

Muy popular, el «Galgo de Afganistán», tiene hermosos ojos y su carácter es tranquilo.

Características:

Talla: 68-74 cm. el macho; 60-68 cm. la hembra.
Peso: 25-30 kg. el macho; 20-25 kg. la hembra.
Cabeza: Cráneo largo, no demasiado estrecho.
Ojos: Ligeramente oblicuos.
Orejas: Largas, implantadas bajas.
Cuello: Largo y fuerte.
Cuerpo: Lomo liso de longitud media, pecho profundo.
Cola: No muy corta y terminada en forma de anillo.
Extremidades: De buena osamenta, muy rectas, largas y acodilladas.
Pies: Cubiertos de largos y espesos pelos.
Pelaje: Largo y sedoso.

GALGO ESPAÑOL

GOLDEN RETRIEVER

Este rústico perro, muy robusto, no necesita ningún cuidado especial. Sí mucho ejercicio.

Características:

Talla: 62-70 cm. el macho; 60-68 cm. la hembra.
Peso: 25-30 kg. el macho; 20-25 kg. la hembra.
Cabeza: Alargada, fuertes dientes en tijera.
Ojos: Pequeños, oscuros y almendrados.
Orejas: Finas, delgadas y carnosas.
Cuello: Esbelto, largo y musculoso.
Cuerpo: Pecho profundo, vientre muy recogido.
Cola: Larga, delgada y caída.
Extremidades: Largas, enjutas, rectas y musculosas.
Pies: De liebre, alargados.
Pelaje: De pelo corto, y otros de pelo duro y brillante.

A pesar de su apariencia feroz, el «Golden Retriever», es un perro obediente y leal.

Características:

Talla: 56-61 cm.
Peso: 29-31,5 kg.
Cabeza: Cráneo ancho, mandíbulas fuertes.
Ojos: Separados y oscuros.
Orejas: Medianas, proporcionadas.
Cuello: Musculoso y bien diferenciado.
Cuerpo: Corto, bien construido; pecho profundo y paletillas largas, hacia atrás.
Cola: No forma bucle.
Extremidades: Rectas, fuertes y musculosas.
Pies: Redondos.
Pelaje: Liso u ondulado.

GRAN SPITZ

GREYHOUND

Valeroso, desconfiado con los extraños, el «Gran Spitz», es un guardián nato.

Características:

Talla: 40-50 cm.
Peso: Alrededor de 20 kg.
Cabeza: De tamaño mediano.
Ojos: Oscuros, de tamaño medio.
Orejas: Pequeñas, en triángulo.
Cuello: De longitud media.
Cuerpo: Pecho profundo, lomo corto y recto.
Cola: De longitud media, implantada alta.
Extremidades: De longitud media, robustas y rectas.
Pies: Redondos y pequeños.
Pelaje: Corto y denso en la cabeza.

El «Greyhound» es uno de los descendientes más directos del Tesem, antiguo Lebrel de Egipto.

Características:

Talla: 71-76 cm. el macho; 68-71 cm. la hembra.
Peso: 30 kg. aprox.
Cabeza: Larga y moderadamente ancha.
Ojos: Brillantes e inteligentes, de color oscuro.
Orejas: Pequeñas, de fina textura.
Cuello: Largo y musculoso.
Cuerpo: Amplio, pecho ancho y profundo; lomo ancho, más bien largo.
Cola: Larga, implantada más bien baja.
Extremidades: Largas y potentes.
Pies: De longitud moderada.
Pelaje: Fino y apretado.

GRIFFON BELGA

GRŒNENDAEL

Curioso, de espíritu muy alegre, el «Griffon Belga», posee una memoria asombrosa.

Características:

Talla: 21-28 cm. aprox.
Peso: 3-4,5 kg. aprox.
Cabeza: Redonda, frente abombada.
Ojos: Muy grandes, negros y redondos.
Orejas: Muy rectas, y cortadas en punta.
Cuello: Prácticamente unido al cuerpo.
Cuerpo: Robusto y recogido.
Cola: Levantada, cortada en sus dos tercios.
Extremidades: Rectas, y de longitud media.
Pies: Cortos, redondos y compactos.
Pelaje: Pelirrojo; negro; y negro y fuego.

Dotado de un olfato superior, dispone además de una inteligencia y un atractivo especial.

Características:

Talla: 60-66 cm. el macho; 56-62 cm. la hembra.
Peso: 30 kg. aprox.
Cabeza: Larga, sin exageración.
Ojos: De tamaño medio, no hundidos ni saltones.
Orejas: Altas, triangulares y rectas.
Cuello: Bien separado y musculoso.
Cuerpo: Pecho poco ancho; lomo largo y recto.
Cola: Fuerte en la base, de longitud media.
Extremidades: Musculatura fuerte.
Pies: Cortos, y redondos.
Pelaje: Corto en la cabeza, pelo largo y liso de color negro zaino.

GROENLANDÉS

HARRIER MODERNO

El «Perro de Groenlandia» pertenece a la familia de los Spitz, está a gusto entre la nieve y el frío.

Características:

Talla: 60 cm. el macho; 55 cm. la hembra.
Peso: Alrededor de 30 kg.
Cabeza: Cráneo ancho y ligeramente abombado.
Ojos: Preferentemente oscuros, oblicuos.
Orejas: Más bien pequeñas, en triángulo.
Cuello: Muy fuerte y más bien corto.
Cuerpo: Fuerte y musculoso, lomo recto.
Cola: Peluda, más bien corta.
Extremidades: Rectas, fuertes; osamenta pesada.
Pies: Más bien gruesos.
Pelaje: Tupido, liso y duro.

Fuerte y ligero a la vez, el «Harrier Moderno», posee un olfato excepcional y una buena voz.

Características:

Talla: 48-55 cm.
Peso: Alrededor de 40 kg.
Cabeza: Expresiva, medianamente ancha.
Ojos: Oscuros, medianos, jamás saltones.
Orejas: En forma de V, casi planas.
Cuello: Separado aunque bien implantado.
Cuerpo: Pecho más desarrollado en altura que en anchura, lomo recto y musculoso.
Cola: De longitud media.
Extremidades: Rectas y fuertes.
Pies: No demasiado redondos ni apretados.
Pelaje: Liso, aplastado, no demasiado corto.

IRISH TERRIER

IRISH WATER SPANIEL

Pariente del Fox Terrier, el «Irish Terrier», es un rompecuellos lleno de fogosidad y valentía.

Características:

Talla: Alrededor de 45 cm.
Peso: 12 kg. el macho; 11 kg. la hembra.
Cabeza: Larga, cráneo aplastado.
Ojos: Oscuros, pequeños y no saltones.
Orejas: Pequeñas, en forma de V.
Cuello: De buena longitud y sin papada.
Cuerpo: Pecho musculoso, lomo fuerte y largo.
Cola: Generalmente cortada.
Extremidades: Largas y musculosas.
Pies: Fuertes, bastante redondos.
Pelaje: Duro, de apariencia quebrada.

Amenazado de extinción hoy día, el «Irish Water Spaniel» necesita vivir en plena Naturaleza.

Características:

Talla: 53-58 cm.
Peso: 22-26 kg.
Cabeza: Bastante grande, cráneo alargado y en cúpula, cubierto de largos rizos.
Ojos: Más bien pequeños, castaños.
Orejas: Muy largas, en forma de lóbulo.
Cuello: Vigoroso, bastante largo.
Cuerpo: Pecho normalmente ancho y lomo corto.
Cola: Gruesa en la base, se va afilando hacia la punta.
Extremidades: Rectas, aplomadas y robustas.
Pies: Grandes, algo redondos y extendidos.
Pelaje: Muy ensortijado, formando rizos espesos.

IRISH WOLFHOUND

KELPIE

El «Iris Wolfhound», como su nombre indica, era utilizado para la caza del lobo.

Características:

Talla: 79 cm. el macho; 71 cm. la hembra.
Peso: 54 kg. el macho; 40,5 kg. la hembra.
Cabeza: Larga, cráneo poco ancho.
Ojos: Oscuros.
Orejas: Pequeñas y finas.
Cuello: Más bien largo, fuerte y musculoso.
Cuerpo: Pecho amplio, lomo más bien largo.
Cola: Larga y levemente curvada.
Extremidades: Fuertes y rectas, muslos musculosos.
Pies: Grandes y redondos.
Pelaje: Áspero, rústico, esencialmente duro.

Vivaz y difícil de dominar, el «Kelpie», es por antonomasia el perro de los grandes espacios.

Características:

Talla: 50-58 cm.
Peso: 13-15 kg.
Cabeza: Larga y fina, más ancha entre las orejas.
Ojos: Oscuros y almendrados.
Orejas: Medianas, en punta y rectas.
Cuello: Potente y un poco arqueado.
Cuerpo: Pecho profundo, lomo recto.
Cola: Mediana, con abundante pelo.
Extremidades: Rectas y musculosas.
Pies: Cortos y compactos.
Pelaje: Corto y liso, con frecuencia negro con manchas blancas y fuego.

KING CHARLES
SPANIEL

KOMONDOR

Perro bastante robusto, era el favorito de los reyes Carlos I y Carlos II de Inglaterra.

Características:

Talla: 26-32 cm.
Peso: 3,6--6,3 kg.
Cabeza: Cráneo macizo en forma de cúpula.
Ojos: Muy grandes y oscuros.
Orejas: Bajas, colgantes y muy largas.
Cuello: De longitud media.
Cuerpo: Pecho ancho y profundo, lomo corto.
Cola: Con flecos.
Extremidades: Cortas y rectas.
Pies: Recubiertos de pelo.
Pelaje: Largo, sedoso y liso, no rizado.

De abundante pelaje, el «Komondor» protege en la actualidad granjas y casas.

Características:

Talla: 80 cm. el macho; 70 cm. aprox. la hembra.
Peso: 50-60 kg. el macho; 40-50 kg. la hembra.
Cabeza: Ancha y fina, cubierta de abundante pelo, cráneo abombado.
Ojos: Castaño oscuros.
Orejas: Altas y caídas.
Cuello: Más bien corto y musculoso.
Cuerpo: Lomo recto y musculoso, pecho redondo.
Cola: Baja, claramente caída.
Extremidades: Rectas, vigorosas, muslos largos.
Pies: Plantas fuertes, uñas duras.
Pelaje: Largo, rudo y espeso.

KUVASZ

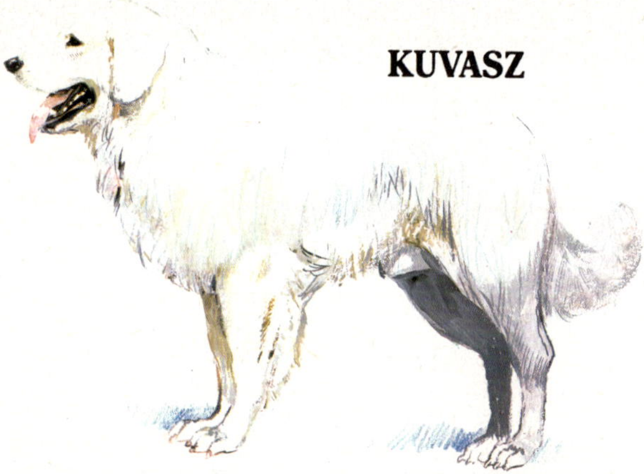

LABRADOR RETRIEVER

Famoso por su astucia y docilidad, el «Kuvasz», es un magnífico guardián, y perro-policía.

Características:

Talla: 71-75 cm. el macho; 66-70 cm. la hembra.
Peso: 40-52 kg. el macho; 30-42 kg. la hembra.
Cabeza: Noble, cráneo alargado.
Ojos: Oblicuos, almendrados.
Orejas: Más bien pequeñas, en forma de V.
Cuello: Más bien corto, sin papada.
Cuerpo: Pecho profundo, lomo mediano.
Cola: Acortada, alta y enhiesta.
Extremidades: Rectas, musculosas y potentes.
Pies: Redondos y apretados.
Pelaje: Corto y recto.

La dulzura del «Labrador Retriver», explican que sea el perro de compañía más solicitado.

Características:

Talla: 55-57 cm. el macho; 54-56 cm. la hembra.
Peso: 25-30 kg.
Cabeza: Neta con mejillas carnosas, cráneo ancho.
Ojos: Inteligentes, de tamaño medio.
Orejas: Ni grandes ni pesadas.
Cuello: Vigoroso, neto y fuerte.
Cuerpo: Pecho ancho y profundo, lomo corto y sólido.
Cola: De apariencia redondeada.
Extremidades: Rectas, de fuerte osamenta.
Pies: Redondos y compactos.
Pelaje: Característico de la raza, debe ser corto y denso, espeso y apretado.

LEONBERGER

LHASA APSO

El «Leonberger» puede vivir en la ciudad a condición de proporcionarle bastante ejercicio.

Características:

Talla: 72-80 cm. el macho; 65-75 cm. la hembra.
Peso: Alrededor de 80 kg.
Cabeza: Cráneo ligeramente abombado.
Ojos: Medios, pardos, de mirada cordial.
Orejas: Altas, colgantes.
Cuello: Medio, fuerte y musculoso.
Cuerpo: Pecho ovalado, lomo más bien corto.
Cola: Baja, fuerte, larga y muy peluda.
Extremidades: Musculosas, muslos largos.
Pies: Algo más largos los delanteros que los traseros.
Pelaje: Largo y abundante.

De salud robusta, el «Lhassa Apso», puede vivir sin dificultad a seis mil metros de altura.

Características:

Talla: 22,5-25 cm. el macho; la hembra un poco más pequeña.
Peso: 5-7 kg.
Cabeza: Pesada, con abundante pelaje.
Ojos: Medianos, de color oscuro.
Orejas: Colgantes, con muchos flecos.
Cuello: Fuerte.
Cuerpo: Más largo que alto.
Cola: Con muchos flecos.
Extremidades: Rectas, muslos muy desarrollados.
Pies: Redondos, con flecos.
Pelaje: Espeso, liso, áspero y bastante largo.

MALINÉS

MALTÉS

Muy independiente, el «Malinés», es utilizado por la policía para seguir pistas.

Características:

Talla: 60-66 cm. el macho; 56-62 cm. la hembra.
Peso: Alrededor de 30 kg.
Cabeza: Enjuta, bien cincelada, larga.
Ojos: De tamaño medio.
Orejas: Altas, triangulares, tersas y rectas.
Cuello: Bien definido y musculoso.
Cuerpo: Pecho poco ancho, lomo ancho y recto.
Cola: Fuerte en la base, de longitud media.
Extremidades: De musculatura fuerte y enjuta.
Pies: Ligeramente ovalados.
Pelaje: Corto, sobre todo en la cabeza.

Conocido desde la antigüedad, el «Maltés», vivaz y amable, seduce por su cariñosa estampa.

Características:

Talla: 21-25 cm. el macho; 20-23 cm. la hembra.
Peso: 3-4 kg.
Cabeza: Cráneo ancho y aplastado.
Ojos: De color oscuro, vivos y abiertos.
Orejas: De forma casi triangular y aplastadas.
Cuello: Sin papada.
Cuerpo: Más largo que un tercio de la altura en la cruz.
Cola: Muy gruesa en la base y muy delgada en su extremo.
Extremidades: Fuerte osamenta, músculos secos.
Pies: Redondos, dedos apretados y arqueados.
Pelaje: Pelo muy denso, espeso y brillante.

MANCHESTER TERRIER

MASTIFF

Muy trabajador, el «Manchester Terrier» fue para los ingleses un poco "el perro para todo".

Características:

Talla: 38-40 cm.
Peso: 8 kg.
Cabeza: Larga, cráneo aplastado, estrecho y cónico.
Ojos: Pequeños, oscuros y vivos.
Orejas: Pequeñas, en forma de V.
Cuello: Muy largo, sin papada.
Cuerpo: Corto.
Cola: Corta, espesa y afilada.
Extremidades: Rectas y proporcionadas.
Pies: Pequeños y fuertes.
Pelaje: Denso, liso, corto y brillante.

Excelente guardián, el «Mastiff» debe ser tratado con firmeza, o puede ser peligroso.

Características:

Talla: Más de 75 cm.
Peso: Hasta 100 kg o más.
Cabeza: Ancha, cráneo redondeado.
Ojos: Pequeños, avellana oscuro.
Orejas: Pequeñas, e implantadas altas.
Cuello: Bastante largo, un poco arqueado y muy musculoso.
Cuerpo: Pecho ancho, lomo y riñón anchos.
Cola: Alta.
Extremidades: Rectas y fuertes.
Pies: Anchos y redondos.
Pelaje: Corto y denso.

MASTÍN ESPAÑOL

MASTÍN DEL PIRINEO

Por su gran talla y fortaleza, el «Mastín Español», es empleado como perro de guarda y defensa.

Características:
Talla: 77 cm. el macho; 72 cm. la hembra.
Peso: 75 kg. el macho; 65 kg. la hembra.
Cabeza: Grande y fuerte, cráneo ancho.
Ojos: Pequeños, almendrados.
Orejas: Medianas y caídas.
Cuello: Ancho, fuerte, musculado y flexible.
Cuerpo: Rectangular, fuerte y robusto.
Cola: De nacimiento muy grueso e inserción media.
Extremidades: Aplomadas, rectas y paralelas.
Pies: «De gato», dedos apretados.
Pelaje: Tupido y grueso, color variable.

Corpulento y agresivo, el «Mastín del Pirineo» se vuelve apacible ante la voz de su amo.

Características:
Talla: 77 cm. el macho; 72 cm. la hembra.
Peso: 75 kg. el macho; 65 kg. la hembra.
Cabeza: Grande y fuerte, cráneo ancho.
Ojos: Pequeños, almendrados.
Orejas: Medianas y caídas.
Cuello: Ancho, fuerte, musculado y flexible.
Cuerpo: Rectangular, fuerte y robusto.
Cola: De nacimiento muy grueso e inserción media.
Extremidades: Aplomadas, rectas y paralelas.
Pies: «De gato», dedos apretados.
Pelaje: Tupido y grueso, de color blanco básicamente.

MASTÍN NAPOLITANO

PASTOR ALEMÁN

Adiestrado para el ataque, el «Mastín Napolitano», puede llegar a ser peligroso.

Características:

Talla: 65-75 cm. el macho; 60-70 cm. la hembra.
Peso: 70-110 kg.
Cabeza: Grande, cráneo liso.
Ojos: Oscuros, bastante grandes.
Orejas: Cortadas en triángulo equilátero.
Cuello: Rechoncho, fuerte, muy musculado.
Cuerpo: Pecho desarrollado, lomo redondo.
Cola: Robusta y afilada.
Extremidades: Musculosas.
Pies: Gruesos, compactos.
Pelaje: Corto, espeso y brillante.

Joven o maduro, el «Pastor Alemán», es un juguetón que adora a los niños.

Características:

Talla: 62,5 cm. el macho; 57,5 cm. la hembra.
Peso: Alrededor de 32 kg.
Cabeza: Proporcionada al cuerpo.
Ojos: Medianos, almendrados, un poco oblicuos.
Orejas: Medianas, anchas en la base.
Cuello: Fuerte, con musculatura muy desarrollada.
Cuerpo: Pecho no muy ancho, lomo recto.
Cola: Tupida y peluda.
Extremidades: Rectas, firmes y musculosas.
Pies: Apretados, plantas duras.
Pelaje: Espeso, recto y pegado al cuerpo; negro con manchas fuego, amarillo, gris claro.

PASTOR CATALÁN

PASTOR DE BEAUCE

El «Pastor Catalán», es un perro muy resistente al calor, al frío y a los agentes atmosféricos.

Características:

Talla: 47-55 cm. el macho; 45-53 cm. la hembra.
Peso: 19-24 kg. el macho; 17-20 kg. la hembra.
Cabeza: Fuerte, bien proporcionada.
Ojos: Expresivos, de mirada viva e inteligente.
Orejas: De inserrión alta, triangularcs y finas.
Cuello: Vigoroso, sólido y musculoso.
Cuerpo: Ligeramente alargado y fuerte.
Cola: De inserción más bien baja.
Extremidades: Fuertes, derechas, con buenos aplomos.
Pics: Ovalados.
Pelaje: Largo, lacio o muy poco ondulado.

Aunque obediente y fiel, si deja de sentirse querido, puede mostrarse temible.

Características:

Talla: 67 cm. el macho; 65 cm. la hembra.
Peso: 27-37 kg.
Cabeza: Larga con cráneo aplastado.
Ojos: Horizontales, siempre oscuros.
Orejas: Situadas en lo alto.
Cuello: Musculoso, sin papada.
Cuerpo: Pecho ancho, alto y profundo; lomo recto y ancho.
Cola: Caída, descendente.
Extremidades: Musculosas y pronunciadas.
Pies: Fuertes y redondos.
Pelaje: Corto, fuerte, grueso y firme.

PASTOR DE BRIE

PASTOR DE LOS PIRINEOS

Corredor de fondo, el «Pastor de Brie», puede caminar ochenta kilómetros en un solo día.

Características:

Talla: 62-68 cm. el macho; 56-64 cm. la hembra.
Peso: 25-30 kg.
Cabeza: Fuerte, bastante larga.
Ojos: Horizontales, bastante abiertos, de color oscuro.
Orejas: Implantadas altas, cortas y rectas.
Cuello: Musculoso.
Cuerpo: Pecho ancho y profundo, lomo recto.
Cola: Baja y con pelo abundante.
Extremidades: Musculosas, con osamenta fuerte.
Pies: Redondos y fuertes.
Pelaje: Largo y seco.

Con su trote rápido y seguro, el «Pastor de los Pirineos», está adaptado al medio montañoso.

Características:

Talla: 40-48 cm. el macho; 38-46 cm. la hembra.
Peso: 8-15 kg.
Cabeza: Cráneo medianamente desarrollado.
Ojos: Expresivos, abiertos, de color castaño oscuro.
Orejas: Bastante cortas.
Cuello: Más bien largo, bastante musculoso.
Cuerpo: Pecho medianamente desarrollado y lomo largo.
Cola: No muy larga, con flecos.
Extremidades: Secas, nervudas, con flecos.
Pies: Secos, bastante planos.
Pelaje: Largo o semilargo, siempre abundante.

PASTOR DE PICARDÍA

PEQUEÑO LEBREL ITALIANO

Franco, leal y testarudo, el «Pastor de Picardía», es mordedor, pero sólo si le obligan.

Características:

Talla: 60-65 cm. el macho; 55-60 cm. la hembra.
Peso: 19-23 kg.
Cabeza: Bien proporcionada.
Ojos: Medianos, no prominentes, de color oscuro.
Orejas: Medianas, altas y anchas en la base.
Cuello: Fuerte y musculoso.
Cuerpo: Pecho algo profundo y lomo recto.
Cola: Peluda y caída.
Extremidades: Aplomadas, muslos largos y musculosos.
Pies: Redondeados y cortos.
Pelaje: Duro, semilargo, ni rizado ni liso, áspero.

El «Pequeño Lebrel Italiano», no es un perro guardián, pero soporta bien el frío y la lluvia.

Características:

Talla: 32-38 cm.
Peso: 5 kg. como máximo.
Cabeza: Cráneo estrecho, liso por arriba.
Ojos: Grandes, redondos y expresivos.
Orejas: Pequeñas, implantadas altas.
Cuello: Largo, seco, levemente arqueado.
Cuerpo: Pecho estrecho y lomo recto.
Cola: Baja, fina, afilándose hacia la punta.
Extremidades: Osamenta ligera.
Pies: Pequeños, enjutos.
Pelaje: Corto y fino. Piel delgada. Color negro o gris pizarra.

PEQUINÉS

PERDIGUERO DE BURGOS

Según la leyenda, el «Pequinés» es fruto de los amores de un león y una mona.

Características:

Talla: 15-25 cm.
Peso: 2-8 kg.
Cabeza: Maciza, cráneo ancho y liso entre las orejas.
Ojos: Grandes, oscuros y brillantes.
Orejas: En forma de corazón.
Cuello: Más bien corto y grueso.
Cuerpo: Corto, pecho ancho y lomo muy recto.
Cola: Alta, porte vertical.
Extremidades: Cortas, gruesas, sólidas y arqueadas.
Pies: Anchos, lisos, no redondeados.
Pelaje: Largo y liso, con abundante melena.

Dotado de gran resistencia física, caza al trote y no se cansa por dura que sea la jornada.

Características:

Talla: 62-67 cm. el macho; 59-64 cm. la hembra.
Peso: 25-30 kg.
Cabeza: Grande y fuerte, de cráneo bien desarrollado.
Ojos: Medianos, almendrados.
Orejas: Largas y caídas en forma triangular.
Cuello: Fuerte y potente.
Cuerpo: Cuadrado, fuerte y robusto.
Cola: De nacimiento grueso e inserción media.
Extremidades: Aplomadas, rectas y paralelas.
Pies: «De gato», con dedos apretados.
Pelaje: Tupido, de mediano grosor, corto, liso y de color blanco e hígado.

PERRO DE AGUAS
Caniche mediano

PERROS DE AGUAS
Caniche enano, Caniche grande

Es calificado de «grande» cuando mide medio metro, y «enano» en tamaño de bolsillo.

Características:

Talla: 36-45 cm.
Peso: 10 kg.
Cabeza: Rectilínea, proporcionada con el cuerpo.
Ojos: Ardientes, almendrados.
Orejas: Bastante largas, lisas y redondeadas.
Cuello: Sólido, sin papada.
Cuerpo: Su longitud sobrepasa la altura de la cruz.
Cola: Alta y acortada.
Extremidades: Sólidas, muy rectas y musculosas.
Pies: Pequeños, dedos arqueados.
Pelaje: De un rizado característico.

Perro de compañía por antonomasia no soporta la soledad.

Características:

Talla: 46-55 cm. el perro grande; 28-35 cm. el perro enano.
Peso: 20 kg. el perro grande; 6 kg. el perro enano.
Cabeza: Rectilínea, proporcionada con el cuerpo.
Ojos: Ardientes, almendrados.
Orejas: Bastante largas, lisas y redondeadas.
Cuello: Sólido, sin papada.
Cuerpo: Su longitud sobrepasa la altura de la cruz.
Cola: Alta y acortada.
Extremidades: Sólidas, muy rectas y musculosas.
Pies: Pequeños, dedos arqueados.
Pelaje: De un rizado característico.

PINSCHER

PINSCHER ENANO

Robusto y a la vez elegante, el «Pinscher», se puede confundir con un Dobermann pequeño.

Características:
Talla: 40-48 cm.
Peso: 12-16 kg.
Cabeza: Robusta, estrecha y larga. Cráneo liso.
Ojos: Oscuros, de tamaño mediano.
Orejas: Altas, enhiestas y cortadas en punta.
Cuello: Largo, seco, sólidamente implantado.
Cuerpo: Pecho semiancho, lomo casi recto y corto.
Cola: Implantada alta y hacia arriba.
Extremidades: Fuertes y rectas.
Pies: Cortos y redondeados.
Pelaje: Corto, espeso, liso, brillante y lustroso.

A pesar de su pequeño tamaño, es fuerte, astuto y vigilante.

Características:
Talla: 30 cm.
Peso: 3-4 kg.
Cabeza: Robusta, estrecha y larga. Cráneo liso.
Ojos: Oscuros, de tamaño mediano.
Orejas: Altas, implantadas en forma de V.
Cuello: Largo, seco, sólidamente implantado.
Cuerpo: El pecho es semiancho, el lomo es casi recto y corto.
Cola: Implantada alta y hacia arriba.
Extremidades: Fuertes y rectas.
Pies: Cortos y redondeados.
Pelaje: Corto, espeso, liso, brillante y lustroso.

PODENCO IBICENCO

POINTER

Su prodigioso olfato convierte al «Podenco Ibicenco», en un singular cazador nocturno.

Características:

Talla: 66-72 cm. el macho; 60-67 cm. la hembra.
Peso: 22,5 kg. el macho; alrededor de 19 kg. la hembra.
Cabeza: Larga y estrecha.
Ojos: Oblicuos y pequeños, de color ámbar claro.
Orejas: Siempre rígidas, muy móviles, finas.
Cuello: Enjuto, largo y musculoso.
Cuerpo: Dorso recto y largo; pecho estrecho y largo.
Cola: Larga, de inserción baja.
Extremidades: Rectas y juntas, muslos largos y fuertes.
Pies: Tendencia de liebre, pezuñas largas y apretadas.
Pelaje: Liso, duro o largo.

La velocidad con que caza el «Pointer» es un prodigio comparable a su olfato.

Características:

Talla: 60-67 cm.
Peso: 20-30 kg.
Cabeza: Occipucio prominente.
Ojos: Marrón oscuro, mirada dulce y brillante.
Orejas: Altas, pegadas a la cabeza, en punta.
Cuello: Largo y fino, sin papada.
Cuerpo: Pecho profundo, lomo recto, paletillas largas y oblicuas.
Cola: Longitud media.
Extremidades: Fuertes y musculosas.
Pies: Ovales. Dedos arqueados.
Pelaje: Corto, fino y liso, de color blanco y amarillo.

POITEVIN

PORCELAINE

Rápido y expeditivo, el «Poitevin», destaca en la caza de la liebre, corzo, ciervo y jabalí.

Características:

Talla: 62-72 cm. el macho; 60-70 cm. la hembra.
Peso: 35 kg.
Cabeza: Un poco alargada. Cráneo algo aplastado.
Ojos: Grandes, pardos, cerco negro, expresivos.
Orejas: Finas, medianamente anchas.
Cuello: Largo y delgado, sin papada.
Cuerpo: Pecho profundo, lomo y riñón musculosos.
Cola: Mediana, fina, bien implantada.
Extremidades: Rectas, muslos muy musculosos.
Pies: Alargados y sólidos.
Pelaje: Corto y brillante.

Este soberbio perro raposero debe su nombre a la delicadeza de su manto blanco, brillante.

Características:

Talla: 55-58 cm. el macho; 53-56 cm. la hembra.
Peso: Alrededor de 28 kg.
Cabeza: Enjuta y finamente cincelada, más bien larga.
Ojos: Oscuros, de tamaño mediano.
Orejas: Finas, largas y plegadas.
Cuello: Bastante largo, liviano. Papada pequeña.
Cuerpo: Pecho de anchura media; lomo ancho y recto, musculoso.
Cola: Mediana, bien implantada.
Extremidades: Largas, enjutas y no demasiado finas.
Pies: Finos y apretados, más bien alargados.
Pelaje: Corto, fino, apretado y brillante.

PULI

ROTTWEILER

El «Puli» es el perro más popular de Hungría, donde custodiaba los grandes rebaños de ovejas.

Características:

Talla: 37-47 cm.
Peso: 13-15 kg.
Cabeza: Pequeña y fina. Cráneo redondo.
Ojos: Vivos, de color castaño.
Orejas: Anchas y redondeadas, en forma de V.
Cuello: Musculoso, mediano y con 45° de inclinación.
Cuerpo: Pecho profundo y ancho, lomo mediano.
Cola: Encorvada sobre los riñones.
Extremidades: Musculosas, largas, bien implantadas.
Pies: Cortos, redondeados y apretados.
Pelaje: Basto y entrepelo vedijoso.

Durante la primera guerra mundial, el «Rottweiler», fue un auxiliar eficaz del ejército alemán.

Características:

Talla: 60-68 cm. el macho; 55-63 cm. la hembra.
Peso: 50 kg. aprox.
Cabeza: De longitud media. Cráneo ancho.
Ojos: De tamaño medio, de color castaño oscuros.
Orejas: Lo más pequeñas posible, triangulares.
Cuello: Robusto, de longitud media, musculoso.
Cuerpo: Amplia caja torácica, lomo recto y vigoroso.
Cola: Corta y robusta, porte horizontal.
Extremidades: Rectas, no demasiado juntas; muslos anchos y musculosos.
Pies: Redondos, muy cerrados y arqueados.
Pelaje: Pelo duro y entrepelo fino.

SABUESO DE HANNOVER

SABUESOS SUIZOS

Inteligente y valeroso, el «Sabueso de Hannover», destaca sobre todo en la caza del jabalí.

Características:

Talla: 57 cm.
Peso: 35 kg.
Cabeza: Mediana, cráneo suavemente bombeado.
Ojos: Pardos oscuros.
Orejas: Altas, largas, anchas y redondeadas.
Cuello: Largo, fuerte y sin papada.
Cuerpo: Pecho ancho, lomo un poco arqueado.
Cola: Larga, ligeramente espigada.
Extremidades: Largas, fuertes y musculosas.
Pies: Sólidos y redondos.
Pelaje: Abundante, casi liso, suave y brillante.

Vivaces, inteligentes, vigorosos y valientes, los «Sabuesos Suizos», tienen la pasión de la caza.

Características:

Talla: 45-50 cm.
Peso: 27-30 kg.
Cabeza: Enjuta, larga y estrecha.
Ojos: Oscuros, mirada dulce.
Orejas: Bajas y hacia atrás.
Cuello: Bastante largo y vigoroso. Sin papada.
Cuerpo: Pecho no muy ancho, lomo de buena longitud, compacto y recto.
Cola: No muy larga.
Extremidades: Bien aplomadas y fuerte osamenta.
Pies: Redondos. Plantas rugosas y duras.
Pelaje: Siempre muy abundante, ralo y duro.

SALUKI
SAN
BERNARDO

Todavía se encuentran en los países árabes algunos magníficos «Salukis».

Características:

Talla: 25-28 cm.
Peso: Menos de 4 kg.
Cabeza: Redondeada, frente señalada, hocico corto.
Ojos: Oscuros y redondos.
Orejas: Rectas.
Cuello: Recto y corto.
Cuerpo: Lomo recto, pecho un poco plano.
Cola: Acortada, alta y enhiesta.
Extremidades: Rectas, bien acopladas al cuerpo.
Pies: Cortos y redondos.
Pelaje: Negro preferentemente, duro y abundante.

El «San Bernardo» es un perro muy resistente que tiene necesidad de espacio y movimiento.

Características:

Talla: 70 cm. el macho; 65 cm. la hembra.
Peso: 55-80 kg.
Cabeza: Corpulenta. Cráneo fuerte y ancho.
Ojos: Bastante grandes y muy oscuros.
Orejas: Altas, de tamaño medio.
Cuello: Muy potente, papada desarrollada.
Cuerpo: Pecho muy redondo, moderadamente bajo; lomo muy ancho y recto.
Cola: Ancha, fuerte, larga y muy pesada.
Extremidades: Rectas, robustas y muy potentes.
Pies: Anchos, dedos robustos, uñas fuertes.
Pelaje: Muy espeso, liso o ligeramente ondulado.

SCHNAUZER ENANO

SETTER GORDON

Cariñoso y obediente, el «Schnauzer enano» es un perro de compañía ideal.

Características:

Talla: 30-35 cm.
Peso: 10 kg. aprox.
Cabeza: Robusta y larga.
Ojos: Oscuros, ovalados y salientes.
Orejas: Implantadas altas. Cortadas e inhiestas.
Cuello: Ni corto ni grueso, seco.
Cuerpo: Pecho no muy ancho. Lomo corto y vigoroso.
Cola: Levantada.
Extremidades: Fuertes y rectas, muslos musculosos.
Pies: Cortos, redondos.
Pelaje: Hirsuto, pelo duro y espeso. De color negro.

Oriundo de Escocia, el «Setter Gordon», nació de cruces entre Setters y el Collie.

Características:

Talla: 66 cm.
Peso: 30 kg.
Cabeza: Más alta que ancha. Cráneo ligeramente redondeado.
Ojos: De buen tamaño, muy brillantes y castaño oscuro.
Orejas: Bajas, de tamaño mediano, delgadas.
Cuello: Largo, seco, ligeramente arqueado.
Cuerpo: Pecho bien descendido, lomo corto y fuerte.
Cola: Bastante corta y lisa.
Extremidades: Fuertes, largas y musculadas.
Pies: Ovalados. Dedos muy juntos y arqueados.
Pelaje: Corto y fino sobre la cabeza, lacio en el cuerpo.

SETTER INGLÉS

SETTER IRLANDÉS

Después de una parada clásica es capaz, a la orden del cazador, de avanzar muy lentamente.

Características:

Talla: 65-70 cm.
Peso: 27-30 kg.
Cabeza: Larga y seca. Cráneo oval entre las orejas.
Ojos: Brillantes, suaves e inteligentes.
Orejas: Medianas, caídas contra las mejillas.
Cuello: Bastante largo y musculoso.
Cuerpo: Pecho profundo, lomo recto.
Cola: De longitud media.
Extremidades: Musculosas, aplomadas, muslos largos.
Pies: Cortos, muy apretados y compactos.
Pelaje: Largo y sedoso.

Noble y con clase, el «Setter Irlandés», es considerado como el pura sangre de los Setters.

Características:

Talla: 66-72 cm.
Peso: 21-27 kg.
Cabeza: Larga y enjuta.
Ojos: Oscuros, avellana o pardos.
Orejas: De tamaño mediano y textura fina.
Cuello: De longitud media, muy musculado.
Cuerpo: Pecho profundo, más bien estrecho.
Cola: De longitud media, afilada, implantada más bien baja.
Extremidades: Rectas y vigorosas.
Pies: Pequeños, muy firmes, dedos fuertes.
Pelaje: Corto y fino en la cabeza, liso en el cuerpo.

SHIH TZU

SIBERIAN HUSKY

«Shih Tzu» significa "perro león" en chino, porque el collarín que le rodea evoca al rey de la selva.

Características:

Talla: 26 cm.
Peso: 4,5-8 kg.
Cabeza: Ancha y redonda, greñuda.
Ojos: Grandes, oscuros y redondos, pero no saltones.
Orejas: Grandes, colgantes, revestidas de pelo.
Cuello: Corto y algo hundido.
Cuerpo: Pecho ancho y profundo, lomo nivelado.
Cola: Cubierta de pelo y rizada sobre el dorso.
Extremidades: Cortas, redondas y musculosas.
Pies: Totalmente cubiertos de pelo.
Pelaje: Largo y denso, pero no rizado.

Vigoroso y a la vez gracioso, el «Siberian Husky», es la estrella indiscutible del trineo.

Características:

Talla: 54-60 cm. el macho; 51-56 cm. la hembra.
Peso: 20-27 kg. el macho; 15-22,5 kg. la hembra.
Cabeza: Un poco redondeada.
Ojos: Oblicuos, de color marrón o azul.
Orejas: Medianas, altas y rectas.
Cuello: Fuerte, arqueado y bastante corto.
Cuerpo: Pecho profundo y fuerte, lomo fuerte.
Cola: Con abundante pelo.
Extremidades: Bien acodadas y vigorosas.
Pies: Ovalados y compactos.
Pelaje: Pelo muy espeso, liso y suave, de mediana longitud.

SLOUGHI

SPANIEL JAPONES

La elegancia, esbeltez y casta de este galgo, ha inspirado a numerosos pintores y poetas.

Características:

Talla: 60-70 cm.
Peso: 30-32 kg.
Cabeza: No es pesada, el cráneo es aplastado.
Ojos: Grandes, algo oblicuos con expresión dulce.
Orejas: No muy grandes, caídas y lisas.
Cuello: Enjuto con ligera papada.
Cuerpo: Pecho no demasiado ancho, lomo corto.
Cola: Fina, sin flecos ni pelos largos.
Extremidades: Muy esbeltas.
Pies: Flacos, en óvalo alargado.
Pelaje: Ralo y fino, todas las tonalidades del color arena.

Provisto de un suntuoso manto y cola, se ha adaptado perfectamente a la vida occidental.

Características:

Talla: Alrededor de 30 cm.
Peso: 2-6 kg.
Cabeza: Bastante grande, cráneo ancho.
Ojos: Grandes, oscuros y prominentes.
Orejas: Pequeñas, en forma de V.
Cuello: Sólido, no demasiado corto.
Cuerpo: Compacto, pecho ancho y profundo, lomo corto y recto.
Cola: Provista de largos pelos.
Extremidades: Rectas, finas, cubiertas de largos pelos.
Pies: Redondos y pequeños.
Pelaje: Manto sedoso, muy abundante.

SPANIEL PONT-AUDEMER

SPANIEL TIBETANO

Perfecto cazador, ha heredado de su antepasado irlandés una excelente habilidad como nadador.

Características:

Talla: 52-58 cm.
Peso: 25 kg.
Cabeza: Cráneo redondo, occipucio prominente.
Ojos: Pequeños, ámbar oscuro o avellana.
Orejas: Implantadas un poco bajas.
Cuello: Más bien liviano, musculoso.
Cuerpo: Pecho ancho, lomo recto.
Cola: Mediana o recortada, la lleva un poco recta.
Extremidades: Rectas y musculosas.
Pies: Redondos, dedos abiertos y provistos de pelo.
Pelaje: Grueso, rizado sobre el cuerpo; marrón.

En su país de origen se empleaba como centinela, pues está dotado de un finísimo oído.

Características:

Talla: Alrededor de 27 cm.
Peso: 2-6 kg.
Cabeza: Cráneo ligeramente en cúpula.
Ojos: Muy oscuros, de tamaño medio.
Orejas: Caídas, ornadas con flecos de grandes pelos.
Cuello: Muy recubierto de pelo.
Cuerpo: Más bien largo. Pecho medianamente ancho.
Cola: Curvada sobre el lomo.
Extremidades: Un poco curvas las anteriores.
Pies: De tamaño medio.
Pelaje: En doble capa y más bien liso. De color dorado, cervatillo, negro, negro y fuego.

SPINONE

SPITZ ENANO

Desgreñado, el «Spinone» es un Grifón rústico, que inspira simpatía desde el primer momento.

Características:

Talla: 60-70 cm. el macho; 58-65 cm. la hembra.
Peso: 32-37 kg. el macho; 28-32 kg. la hembra.
Cabeza: Cara recta o un poco recogida.
Ojos: Grandes y muy abiertos.
Orejas: Implantadas a la altura del ojo.
Cuello: Fuerte y musculoso; ligera papada.
Cuerpo: Pecho ancho, amplio; lomo recto.
Cola: Insertada en la línea de la grupa.
Extremidades: Rectas, muslos largos y musculosos.
Pies: Redondos y compactos.
Pelaje: Duro, espeso, ligeramente rizado.

Perro de compañía de artistas y emperatrices, fue el perro predilecto de los «felices años veinte».

Características:

Talla: 22 cm.
Peso: 3,5 kg.
Cabeza: De longitud mediana.
Ojos: De tamaño medio, oblongos y oscuros.
Orejas: Rectas, puntiagudas, en triángulo.
Cuello: De longitud media.
Cuerpo: Pecho bajo, caja torácica redonda y el lomo recto.
Cola: De longitud media, implantada alta.
Extremidades: Robustas, de longitud media.
Pies: Redondos, pequeños "pies de gato".
Pelaje: Muestra un manto largo y de abundante pelo.

SPITZ FINLANDÉS

SUSSEX SPANIEL

Todos los años se organiza un concurso en Finlandia para coronar al rey de los «Spitzs».

Características:

Talla: 44-50 cm. el macho; 39-45 cm. la hembra.
Peso: 23-27 kg.
Cabeza: De tamaño medio, enjuta.
Ojos: De tamaño medio, vivos, casi siempre oscuros.
Orejas: Erguidas, puntiagudas.
Cuello: Musculoso y de longitud media.
Cuerpo: Pecho profundo, lomo recto y fuerte.
Cola: Se curva vigorosamente en arco.
Extremidades: Fuertes, aplomadas las anteriores.
Pies: Preferentemente redondos.
Pelaje: Corto y pegado al cuerpo.

Este perro está dotado de una potente voz, cuyos tonos varían según la pieza que tenga delante.

Características:

Talla: 38-40 cm.
Peso: 20 kg. el macho; 18 kg. la hembra.
Cabeza: Cráneo ancho, moderadamente curvo.
Ojos: Bastante grandes, color avellana.
Orejas: Bastante grandes, implantadas por debajo del ojo, lobuladas.
Cuello: Largo, fuerte, ligeramente arqueado.
Cuerpo: Fuerte, pecho profundo, lomo musculoso.
Cola: Caída, libre y cortada.
Extremidades: Buena osamenta, musculosas.
Pies: En círculo, con flecos entre los dedos.
Pelaje: Abundante y liso, de color hígado dorado.

TERRANOVA

TERRIER SEDEÑO

En todos los países, el «Terranova» es símbolo de la abnegación y el valor caninos.

Características:
Talla: 70 cm. el macho; 65 cm. la hembra.
Peso: 63-67,5 kg. el macho; 49,5-54 kg. la hembra.
Cabeza: Ancha y maciza.
Ojos: Oscuros.
Orejas: Pequeñas, muy unidas a la cabeza.
Cuello: Fuerte, muy unido a las paletillas.
Cuerpo: Pecho bastante ancho y el lomo ancho.
Cola: De longitud mediana.
Extremidades: Rectas, musculosas y fuertes.
Pies: Anchos y separados.
Pelaje: Liso y denso, de textura fuerte.

Pequeño perro australiano, muy hábil para la caza de roedores.

Características:
Talla: 22,5 cm.
Peso: 4-5 kg.
Cabeza: Moderadamente larga, fuerte.
Ojos: Pequeños, redondos y vivaces.
Orejas: Altas, rectas, pequeñas en forma de V.
Cuello: Medianamente largo.
Cuerpo: Pecho bastante ancho y profundo; el lomo es recto.
Cola: Cortada y recta.
Extremidades: Rectas; desarrolladas las posteriores.
Pies: Pequeños, «pies de gato».
Pelaje: Fino, brillante de contextura sedosa.

TERRIER TIBETANO

WELSH TERRIER

Durante siglos, el «Terrier Tibetano», fue objeto de verdadero culto en los monasterios tibetanos.

Características:

Talla: 35-40 cm.
Peso: 8-13 kg.
Cabeza: Abundante de pelos largos.
Ojos: Grandes, oscuros y bastante separados.
Orejas: Caídas, en forma de V.
Cuello: Medianamente largo.
Cuerpo: Compacto, vigoroso.
Cola: Mediana, implantada bastante alta.
Extremidades: Rectas y peludas.
Pies: Grandes, redondos, con abundante pelo.
Pelaje: Abundante, fino, largo, recto u ondulado.

Vivaz y alegre, el «Welsh Terrier», se crió casi exclusivamente en el norte del País de Gales.

Características:

Talla: 39,9 cm.
Peso: 9 kg.
Cabeza: Bastante larga, cráneo aplastado.
Ojos: Pequeños, hundidos, de color oscuro.
Orejas: Pequeñas, en forma de V.
Cuello: Bastante largo y fuerte.
Cuerpo: Pecho medianamente ancho, lomo corto.
Cola: Se presenta bien implantada, pero sin demasiada alegría.
Extremidades: Buena osamenta, muslos musculosos.
Pies: Pequeños y redondos, «pies de gato».
Pelaje: Ralo, duro, muy espeso y abundante.

WEST HIGHLAND WHITE TERRIER

YORKSHIRE TERRIER

Intrépido y tenaz, el «West» es un osado cazador de conejos, además de ratas y ratones.

Características:
Talla: 28 cm.
Peso: 7-10 kg.
Cabeza: Cránco un poco abombado, no muy estrecho.
Ojos: Medianos, separados, oscuros.
Orejas: Pequeñas y puntiagudas.
Cuello: Musculoso.
Cuerpo: Compacto. Pecho profundo, lomo liso y recto.
Cola: De 13 a 15 cm. de longitud. Recta.
Extremidades: Musculosas, cortas y sólidas.
Pies: Redondos.
Pelaje: Duro, aplastado, sin rizos; de color blanco puro.

Preferido por las estrellas de Hollywood, se ha convertido en el perro de salón por excelencia.

Características:
Talla: 20 cm.
Peso: 3'5 kg.
Cabeza: Pequeña y lisa.
Ojos: Medianos, oscuros y chispeantes.
Orejas: Pequeñas en forma de V.
Cuello: Sin papada.
Cuerpo: Compacto; lomo recto.
Cola: Cortada por la mitad, con mucho pelo.
Extremidades: Rectas ambas.
Pies: Redondos, uñas negras.
Pelaje: Largo, liso y fino. De color azul; en el pecho, color fucgo.

INDICE